Angelika Khan-Leonhard · Malen wie die Meister · Paul Gauguin

Angelika Khan-Leonhard

Malen
WIE DIE MEISTER

Paul Gauguin

KEYSER

Inhalt

Die Reihe „Malen wie die Meister“

Um künstlerische Fertigkeiten zu erlangen und zum eigenen Stil zu finden, ahmen Maler seit jeher anerkannte Vorbilder nach. So zählt auch das Kopieren der großen Meister zum Bestandteil der künstlerischen Ausbildung. Eine detaillierte Analyse der Werke, die umfangreiches Können und Wissen verlangt, ist Voraussetzung dafür.
Die Reihe „Malen wie die Meister“ schafft diese Voraussetzung: Die anerkannte Kunstmalerin und Kunstpädagogin Angelika Khan-Leonhard bietet hier jedem an der Malerei Interessierten die Möglichkeit, sich mit der Arbeitsweise so bedeutender Aquarellkünstler wie Albrecht Dürer, William Turner, Paul Cézanne und anderen vertraut zu machen.
Dazu gehört neben der Beschäftigung mit dem Meister und seiner Zeit die Annäherung an seine Sehweise und an die formale sowie farbliche Gestaltung seiner Aquarelle. Wenn auch die Genialität des Vorbildes unerreichbar bleiben muß, so lassen sich doch die handwerklichen und kompositorischen Grundlagen der Werke erfassen und erlernen. Dementsprechend wird zunächst in jedem Band der Aufbau eines Originals aktiv nachvollzogen – Schritt für Schritt. Aber das Ziel der Reihe „Malen wie die Meister“ soll nicht das Kopieren fremder Arbeiten sein. Im Vordergrund steht der Weg zum eigenen Kunstwerk. Hierzu leiten Sie die weiteren Beispiele an: Ein oder zwei Ausschnitte aus dem Original werden abgeändert und stufenweise zu selbständigen Bildern aufgebaut. Schließlich folgt die Umsetzung neuer, frei gewählter Motive (z.B. Fotomotive) im Stil des jeweiligen Meisters.
Die Annäherung an einen Künstler rückt zugleich auch die Ferne zu ihm ins Bewußtsein. Denn jeder ist eingebunden in seine Zeit. Deshalb möchte diese Buchreihe Sie letztlich dazu auffordern, Kreativität zu entwickeln und sich mit den neu erworbenen Fertigkeiten selbst auszudrücken.

Die Autorin

Angelika Khan-Leonhard studierte an den Kunstakademien in Freiburg und in Ravenna. 1975 gründete sie eine Kunstschule in Hinterzarten/Schwarzwald. Seit 1985 leitet sie die ebenfalls von ihr gegründete Kunstschule in Schluchsee. 1988 hatte sie einen Lehrauftrag für Ölmalerei an der Kunsthochschule in Kaschmir.
Angelika Khan-Leonhard konnte sich zusätzlich durch „Kunst am Bau“ sowie Einzelausstellungen im In- und Ausland einen Namen machen.

Paul Gauguin

Paul Gauguin wurde 1848 in Paris geboren. Sein Vater, Clovis Gauguin, war Journalist; die Mutter, Aline, geborene Chazal, war die Tochter der berühmten Sozialistin und Frauenrechtlerin Flora Tristan.
Als Paul drei Jahre alt war, brachen die Eltern mit ihm und seiner Schwester nach Peru auf, dem Heimatland Flora Tristans. Der Vater starb auf der Überfahrt. Doch die Familie setzte die Reise fort. Vier Jahre verbrachten Mutter und Kinder in Lima, bevor sie nach Frankreich zurückkehrten.
Paul besuchte die Volksschule und das Lyzeum in Orléans. Mit siebzehn Jahren wurde er Matrose. Während der sechs Jahre, die er zur See fuhr, kam er um die ganze Welt.
Als die Mutter 1867 starb, hinterließ sie ein umfangreiches Erbe. Vormund der Kinder wurde der Bankier Gustav Arosa, ein bedeutender Fotograf und Kunstsammler. Er verschaffte Paul, nachdem dieser den Marinedienst quittiert hatte, eine einträgliche Stelle bei dem Pariser Börsenmakler Bertin.
1873 heiratete Gauguin, der beruflich sehr erfolgreich war, die Dänin Mette Gad. Fünf Kinder kamen zur Welt.
Unter dem Einfluß seines Freundes E. Schuffenecker, einem elsässischen Maler, wuchs in Gauguin die Liebe zur Kunst. Er besuchte Ausstellungen, erwarb Gemälde der Impressionisten, die damals noch heftig umstritten waren, und begann selbst, intensiv zu malen und zu zeichnen. In der Akademie Colarossi nahm er Unterricht. Der Impressionist Camille Pissarro wurde sein Freund, Lehrer und Förderer.
1876 durfte Gauguin im offiziellen Salon der französischen Künstler ein Landschaftsbild ausstellen. In den Jahren danach war er mehrfach auf den Ausstellungen der Impressionisten vertreten. 1881 konnte er erstmals drei Gemälde verkaufen.
Gauguin war fünfunddreißig Jahre alt, als er den Beruf des Börsenmaklers aufgab, um sich ganz der Malerei zu widmen. Doch seine schlechte finanzielle Lage, mit verursacht durch die Börsenkrise, zwang ihn zu Gelegenheitsarbeiten. 1884 folgte er der Familie, die nach Kopenhagen übergesiedelt war, wo er sich bessere Verdienstmöglichkeiten erhoffte.
Das folgende Jahr brachte die Trennung von Frau und Kindern; Gauguin kehrte nach Paris zurück.
Während eines halbjährigen Aufenthalts im bretonischen Pont-Aven lernte er Emile Bernard kennen. In diese Zeit fiel die entscheidende Wende in Gauguins künstlerischer Entwicklung. Er löste sich von den impressionistischen Vorbildern mit ihren zarten, hellen Farben und entwickelte zusammen mit Bernard die Malform des Cloisonnismus, bei der kontrastreiche Farbflächen mit starken Konturen nebeneinanderstanden. Der japanische Farbholzschnitt, aber auch die Beschäftigung mit Keramik übten hier ihren Einfluß aus. Seine Motive fand Gauguin in der bretonischen Landschaft und deren Menschen. Es ging ihm jedoch nicht darum, die Natur abzumalen: „Kunst ist eine Abstraktion. Man suche sie in der Natur, indem man sich dort seinen Träumen überläßt."
Auf der Suche nach einer ursprünglichen, unverdorbenen Natur reiste Gauguin im Frühjahr 1887 zusammen mit dem Maler Charles Laval zunächst nach Panama, dann nach Martinique. Seine Hoffnung, dort „als Wilder zu leben" und seine Träume in Kunst umsetzen zu können, erfüllte sich nicht. Ende des Jahres kehrte er krank und enttäuscht nach Frankreich zurück.
Für ihn als Maler aber waren diese Monate fruchtbar gewesen: Seine Bilder zeigten nun zunehmend einfache Formen und leuchtende Farben, die großflächig aufgetragen waren.
Im Oktober 1888 folgte er einer Einladung van Goghs nach Arles, wo dieser die Gründung einer Künstlergemeinschaft anstrebte. Doch nach heftigem Streit verließ Gauguin zwei Monate später den Süden wieder.
Er hielt sich abwechselnd in Paris und in der Bretagne auf und beschäftigte sich intensiv mit dem literarischen Symbolismus, der „den Traum von der Wirklichkeit an die Stelle der Wirklichkeit selbst" setzte. Die Darstellung der Empfindung sollte auch für Gauguin und die neue symbolisti-

sche Richtung in der Malerei wegweisend werden. Gauguin vertrat dabei den Synthetismus, eine Variante des Symbolismus, deren Zweck es war, eine „Synthese aus Form und Farbe“ (Gauguin) zu schaffen, die das Wesentliche hervorhob, das andere vereinfachte. Typisch wurden starke, oft unnaturalistische Farben, homogene Flächen, klar nebeneinander gestellte Formen und ein weitgehender Verzicht auf Perspektive. Mit den Bildern, die damals entstanden, erwarb Gauguin den Ruf, die Malerei erneuert und die Kunst des zwanzigsten Jahrhunderts eingeleitet zu haben.

Gauguin hatte seine Vorstellung von der unberührten, paradiesischen Natur noch nicht aufgegeben; und so reiste er 1891 mit dem Erlös, den ihm eine Versteigerung von Bildern eingebracht hatte, nach Tahiti, wo er unter den Eingeborenen lebte. Er war der erste europäische Maler, der sich durch die Begegnung mit der Welt der „Primitiven“ und deren Kunst inspirieren ließ. Er schuf Skulpturen, zeichnete viel und malte. Innerhalb von zwei Jahren entstanden sechzig Bilder; für viele war die junge Teha’amana oder Tehura, die Gauguins Frau geworden war, das Modell. Damals schrieb er auch „Noa-Noa“, eine Erzählung seiner Reise nach Tahiti, und entwarf dazu zahlreiche Aquarelle.

Krank und mittellos kehrte er 1893 nach Frankreich zurück. Nach einer zweiten Versteigerung, die ein Mißerfolg war – man konnte mit seinen „bunten Bildern affenähnlicher Vierbeiner“ nichts anfangen –, brach er 1895 wieder nach Tahiti auf.

Der Siebenundvierzigjährige war jedoch ein menschliches Wrack: Der Alkohol und die Syphilis hatten seine Gesundheit zerstört. Er hatte finanzielle Sorgen. Und er litt unter der Einsamkeit, die er als Fremder unter den Eingeborenen empfand, zumal ihn Teha’anama verlassen hatte.

Doch in dieser Zeit schuf Gauguin eines seiner bedeutendsten Werke: Es war 3,75 Meter breit und 1,40 Meter hoch. Er gab ihm den Titel: „Woher kommen wir? Was sind wir? Woher gehen wir?“ Es sollte sein künstlerisches Vermächtnis werden. Im Januar 1898 war er damit fertig. Sein Versuch, sich anschließend das Leben zu nehmen, scheiterte.

In den folgenden Monaten arbeitete er als Autor an einer satirischen Zeitschrift mit und gab eine eigene Zeitung heraus. Die heftige Kritik, die er in seinen Artikeln an der Kolonialverwaltung und der Mission übte, brachte ihm jedoch Schwierigkeiten ein, so daß er seine neue Frau und den gemeinsamen Sohn verließ. Im August 1901 siedelte er auf die etwa tausend Kilometer entfernte Marquesasinsel Hiva-Oa (La Dominique) über. Seine Verteidigung der Eingeborenen führte auch hier zu Auseinandersetzungen

mit der Verwaltung. Kurz vor seinem Tod am 8. Mai 1903 schrieb Gauguin einem Freund: „Alle diese Sorgen töten mich.“

Mittlerweile hatte sich in Frankreich die Einstellung zu seinen Bildern gewandelt. „Du bist im Augenblick der außergewöhnliche, legendäre Künstler, der uns aus dem fernen Pazifik verwirrende, unnachahmliche Werke schickt“, hatte ihm ein Bekannter geschrieben. „Du bist in die Kunstgeschichte eingegangen.“

Die Aquarelle Gauguins

Nur selten findet man Künstler, die in ihren Aquarellen so viel Sinnlichkeit zum Ausdruck bringen wie Gauguin. Diese Aquarelle spiegeln genauso wie die Ölbilder seine große künstlerische Eigenständigkeit wieder:

– In einem Teil seines Aquarellwerkes treffen wir auf impressionistisch umgesetzte naturalistische Elemente, in denen die Dynamik des Augenblicks mit leichtem Strich festgehalten ist. Die leuchtenden, oft komplementären Farben lassen die helle Palette der Impressionisten jedoch hinter sich und gewinnen an Eigenwert. Im Bildaufbau ist das Bemühen um große, farblich zusammenhängende Bildbereiche spürbar; doch die Flächen werden – anders als bei den Werken des Cloisonnismus und Synthetismus – von vitalen Strichen strukturiert, die sich an den Formen der Gegenstände orientieren.

– Daneben gibt es flächig gestaltete Aquarelle mit ornamentalen Formen, die durch klare Konturen betont werden. Diese Bilder strahlen Ruhe und eine gewisse Statik aus. Die fehlende Modellierung sowie das Bemühen um Straffung und Vereinfachung lassen den Einfluß des japanischen Holzschnitts erkennen.

In diesen Aquarellen stehen neben glatten, deckend aufgetragenen Flächen häufig Farbfelder, deren parallele Strichführung an die Technik der Pastellmalerei erinnert. Die kräftigen Farben, die sich gegenseitig noch verstärken, die kühne, rhythmische Gliederung in große und kleinere Flächen entfalten eine zunehmend vom Gegenstand gelöste Ausdruckskraft.

Die Bilder Gauguins, die uns im vorliegenden Band als Werkbeispiele dienen – „Landschaft" sowie „Kühe und bretonische Bäuerin" –, sind typisch für diese beiden Richtungen seiner Aquarellmalerei.

Paul Gauguin: Landschaft

in: Noa-Noa, Tahiti 1893/1894
Musée du Louvre, Paris
Format: etwa 220 × 300 mm

In der Erzählung „Noa-Noa" beschrieb Gauguin auf legendenhafte Weise seine Reise nach Tahiti und erweckte zugleich die Mythen Polynesiens, die er aus alten, klassischen Gesängen kannte, zum Leben. Die „wohlriechende Insel" – soviel bedeutet „Noa-Noa" – regte den Künstler auch zur bildnerischen Auseinandersetzung an. Und so schmückte er den Text seiner Erzählung mit zahlreichen Aquarellen, einigen Holzschnitten und Fotos. Vor allem dieser Band war es, der Gauguins Ruf als moderner Aquarellkünstler begründete.

Die „Landschaft" ist ein Beispiel für die berühmt gewordenen „Noa-Noa"-Aquarelle, in denen Gauguin mit Vorliebe die Natur und die Bewohner der Insel malte. In einem Brief an einen Freund schwärmte Gauguin von Tahiti: „... eine tropische Sonne, die alles um sich herum aufflammen läßt. Daher all diese unwirklichen Farben, diese vor Hitze flimmernde Luft, die dennoch durchsichtig und ruhig ist." In dieser Umgebung verlor die Linie, die Gauguin sonst ausdruckskräftig und stark zur Strukturierung seiner Bilder eingesetzt hatte, an Spannung und wurde biegsam.

Wenn die einzelnen Formen auch durch die Pinselführung strukturiert sind, so hält Gauguin doch an der großflächigen Verteilung der Farben fest: Das Bild gliedert sich in den dominierenden grünen Bereich der Baumvegetation, den dazu komplementären warmen Rotton der Stämme und die Gelbvarianten der Wiese. Die Formen sind reduziert, eine gewisse Tiefe wird durch dynamische dunkle Striche erzeugt.

Das Landschaftsmotiv mit der Hütte setzte Gauguin in unterschiedlichen Variationen um. Aus diesen Bildern strahlt uns die tropische Atmosphäre, die Gauguin zum Maler der Sinnesfreude werden ließ, mit eindrucksvoller Vitalität entgegen.

Die „Landschaft" soll im folgenden Grundlage für die schrittweise Analyse von Gauguins Aquarelltechnik sein.

P Gauguin

Hinweise zur Aquarellmalerei

Material und Ausrüstung

Papier: glattes Bütten- oder Aquarellpapier
Künstler-Aquarellfarben: Zitronengelb, Krapplack dunkel, Kobaltblau dunkel; aus diesen drei Farben können alle Töne gemischt werden.
Pinsel: spitze Haarpinsel Nr. 2, 6, 9, 12 und Haarflachpinsel („Katzenzunge") Nr. 8 und 10
Sonstiges: Bleistift B3, weicher Radiergummi, Gefäße für Wasser, Palette, Hartfaserplatte und Papierklebestreifen

Die Zeichnung

In Gauguins Aquarellen sind nur wenige Bleistiftstriche sichtbar. Man sollte den Bleistift also lediglich für die Vorzeichnung einsetzen und wenn man sich die Formen zwischendurch verdeutlichen möchte.
Mit einem weichen Radiergummi lassen sich zu harte Bleistiftstriche jederzeit abschwächen.

Der Malgrund

Der Farbauftrag kann durch Wellen und Falten im Papier beeinträchtigt werden. Deshalb empfiehlt es sich bei Bildformaten über 240 × 180 mm, das Aquarellpapier mit Papierklebestreifen auf einer glatten Unterlage (Hartfaserplatte) zu befestigen.
Bereiten Sie vier Klebestreifen vor, die etwas länger sind als die Papierkanten.
Das Papier sollte feucht aufgezogen werden. Tauchen Sie es deshalb zunächst in ein Gefäß mit Wasser; nach dem Abtropfen wird es auf der Unterlage ausgebreitet. Luftblasen streichen Sie mit einem weichen Schwamm nach außen. Lassen Sie das Papier noch etwa fünf Minuten liegen, damit es sich ausdehnen kann. Dann wird es an den Rändern ringsum mit Klebestreifen befestigt.
Das Papier muß gut getrocknet sein, bevor Sie mit dem Malen beginnen.

Die Grundierung

Aquarellpapiere vergilben in relativ kurzer Zeit, insbesondere wenn sie der Sonne ausgesetzt sind. Gleichzeitig verändern sich die Farben der Bilder etwas.
Will man den heutigen Charakter von Gauguins Aquarellen erreichen, sollte man das Aquarellpapier leicht antönen. Nichtgrundierte weiße Papiere hingegen erzeugen eine eher moderne Wirkung.

Die Farben

Die Aquarellfarben der einzelnen Firmen zeigen in ihrem Tonwert meist kleine Unterschiede. Deshalb empfiehlt es sich, vor dem Beginn der Arbeit die Farben zu prüfen. Das heißt: Man trägt sie auf weißes Papier auf und läßt sie trocknen.
Gleiches gilt für den Einsatz von gemischten Farben. Auch hier sollte man zunächst Proben anlegen.

Farbauftrag und Pinselführung

Großzügig setzte Paul Gauguin in seinen Aquarellen Farbflächen nebeneinander, die er mal mehr, mal weniger strukturierte. Seine Pinselführung wirkt locker und dynamisch: Langgezogene, vitale Striche wechseln ab mit kurzen Strichen, die mitunter nur aufgetupft sind.
Um eine ähnliche Lebendigkeit zu erzielen, ist es nicht nur wichtig, Richtung und Länge der Pinselstriche zu variieren, sondern auch die Stärke des Farbauftrags. Das heißt: die Farbe jedesmal ganz ausmalen, bevor man wieder neue aufnimmt.

Zur Vertiefung der maltechnischen Kenntnisse empfehle ich den „Kompaktkurs Aquarell“, der ebenfalls im Christophorus-Verlag erschienen ist.

Landschaft
Bildaufbau nach dem Original

Format: 220 × 300 mm
Farben: Zitronengelb, Kobaltblau dunkel, Krapplack dunkel

Auf den folgenden Seiten möchte ich Ihnen zeigen, wie Sie das Aquarell „Landschaft“ nachgestalten können. Im Anschluß an eine Vorzeichnung, die mit den Formen vertraut macht, werden Schritt für Schritt die einzelnen Farbkomplexe – Gelb, Grün, Rot und Blau – im Stil Gauguins aufgebaut. Eine solche aktive Auseinandersetzung ist besonders geeignet, will man die Technik und Sehweise des Meisters verstehen.

1. Stufe

Mit einer verdünnten Mischung aus Zitronengelb, Krapplack und etwas Kobaltblau grundiere ich das Papier; so kommt es in der Wirkung dem Original Gauguins nahe, das im Lauf der Zeit eine gelbliche Färbung angenommen hat.
Sobald die Grundierung getrocknet ist, kann die Vorzeichnung aufgesetzt werden.

2. Stufe

Mit Zitronengelb werden die Wiese und die hellen Hintergründe, die zwischen den Bäumen hindurchscheinen, unterlegt.
Um die Lichtreflexe zu variieren, setze ich teils neben, teils über das Gelb einen Ockerton aus Zitronengelb, etwas Krapplack und Kobaltblau. Auch der Vordergrund wird in dieser Mischung zügig lasiert, ebenso das Dach der Hütte.
Mit einem feinen Pinsel und konzentriertem Ocker strukturiere ich das Gras am unteren Bildrand und deute die Figur an.
Die helle Unterlage soll das Aquarell später zum Leuchten bringen und eine sonnige Atmosphäre bewirken.

3. Stufe

In dieser Stufe wird das Bild in verschiedenen Grünschattierungen weiter ausgestaltet. Zur Kontrolle der Farbmischungen sollte man jeweils Proben auf weißem Papier machen und warten, bis sie getrocknet sind.

Mit einem breiten Katzenzungenpinsel trage ich zunächst eine blaugrüne Mischung (Kobaltblau, eine Spur Krapplack und Zitronengelb) auf; diese eigentlich kalte Farbe erhält durch die zugrundeliegenden Gelb- und Ockertöne einen warmen Schimmer.

Bei der runden Baumkrone in der Mitte und dem Blattwerk links darüber werden die Striche dicht nebeneinander gesetzt. Um deutliche Strukturen zu erreichen, sollte man mehrere Schichten anlegen, den Pinsel dabei drehen und ihn immer ganz ausmalen. – Die dunklen Grasbüschel und der Baumwipfel am oberen Bildrand hingegen werden locker strichförmig aufgetragen, so daß die Grundierung immer wieder durchschaut.

Auch die im Original violett erscheinenden Stämme haben zum Teil eine grüne Grundierung, die zu einer einheitlichen Wirkung des Bildes beiträgt.

Ich erhöhe nun den Gelbanteil meiner Mischung und bekomme so ein warmes Gelbgrün, mit dem ich die Wiese großzügig lasiere. Das Gras im Vordergrund sowie das Blattwerk werden durch Tupfen beziehungsweise Striche im selben Ton ausgearbeitet. Durch die Überlagerung der Grünvarianten ergeben sich helle und dunkle Töne; die Nuancen werden noch verstärkt, wenn man hier und da ein zweites Mal mit Blaugrün darübergeht. Auch der dunkle Streifen im Gras wird jetzt mit Blaugrün aufgetragen.

Ein warmes Dunkelgrün (Gelbgrün wie oben und Krapplack) vervollständigt die Grünvariationen: Baumkronen und Gras erhalten zusätzliche Strukturen in dieser Farbe.

4. Stufe

Die Farbakzente in gebrannter Siena (Zitronengelb, Krapplack, ein wenig Kobaltblau), die nun gesetzt werden, erlangen durch den Kontrast zum Grün besondere Leuchtkraft. Sie wiederholen sich in den Baumkronen, den Stämmen und im Gras.
Mit zwei verschiedenen Violettmischungen kommen weitere Schatten, Konturen und damit Tiefe ins Bild.
Auf die großen Stämme und unter das spätere Blau des Himmels wird eine leichte Lasur in einem wäßrigen Rotviolett (Krapplack und ein bißchen Kobaltblau) gelegt.
Ein konzentriertes Violett mit einem etwas höheren Anteil an Krapplack verwende ich für den dunklen Baumstamm und die schattigen Stellen der übrigen Stämme. Auch die Baumkronen erhalten Schattenmuster durch feine tiefviolette Striche, die auf dem dunklen Untergrund fast schwarz hervortreten.
Die Figur gewinnt durch eine leichte Konturenzeichnung Plastizität.

5. Stufe – das fertige Bild

Den Himmel, der neben der Hütte durch die Bäume scheint, male ich in einem Ultramarinton aus Kobaltblau und etwas Krapplack. Die leicht violette Unterlage läßt die Farbe besonders kräftig wirken.
Im selben Ultramarin werden die Stämme lasiert und die Schatten im Gras intensiviert.
Farbakzente in einem hellen Zinnoberrot (Zitronengelb und Krapplack) beleben das Bild.

Der Einsatz der Komplementärfarben Blau und Orange, Gelb und Violett sowie Grün und Rot verleiht dem Aquarell Leuchtkraft. Da diese Töne sich mehrfach wiederholen, sorgen sie zudem für eine Verbindung der Bildelemente und eine harmonische Gesamtwirkung.

Tropenwald mit Hütte
Ausschnitt aus dem Original

Format: 250 × 300 mm
Farben: Zitronengelb, Kobaltblau dunkel, Krapplack dunkel

In diesem Ausschnitt aus Gauguins „Landschaft“ wird die Hütte zum zentralen Motiv. Damit entspricht das Bild in seinem Aufbau weitgehend einem anderen Aquarell gleichen Titels aus „Noa-Noa“. Die Konzentration auf die Hütte macht die für Gauguin typische Reduktion der Formen besonders deutlich.
In der Farbigkeit werde ich mich vom Original lösen und stärker an anderen Aquarellen dieser tropischen Motivreihe orientieren. Solche bewußten Abweichungen sind wichtige Schritte auf dem Weg zu einer freien Bildgestaltung im Stil Paul Gauguins.

1. Stufe

Das weiße Aquarellpapier wird mit einem warmen Ockerton aus Zitronengelb, etwas Krapplack und Kobaltblau grundiert, bevor ich mit wenigen Strichen die Bleistiftzeichnung auftrage.
Der Raum soll großflächig aufgeteilt sein.

2. Stufe

Die rechten Baumstämme werden in einem warmen Rotviolett (Krapplack, Zitronengelb, etwas Kobaltblau) gemalt.
Auf den linken Baumstamm trage ich eine kräftige Rotmischung mit erhöhtem Krapplackanteil auf, so daß er stärker leuchtet. Einige schmale Palmstämme füge ich im selben Ton frei hinzu, was für ein ausgewogeneres Bildmuster und eine größere farbliche Einheit sorgt. Diese Kriterien waren für Gauguin, der die Eigenständigkeit von Farbe und Form propagierte, von größter Bedeutung. Man sollte sich deshalb entsprechende Änderungen der Komposition in jedem Stadium offenhalten.
Der konzentrierte Rotton wiederholt sich auf dem Boden, dem großen Stamm rechts und dem Hüttendach. Letzteres erhält genau wie die rechte Baumkrone eine unregelmäßige, verdünnte Lasur.
In einem kräftigen Kobaltblau arbeite ich den Himmel aus. Auch hier weiche ich wieder deutlich von der Vorlage ab, indem ich die blauen Flächen ornamentartig über das Bild verteile.
In dunklem Violett (Krapplack, Kobaltblau und eine Spur Zitronengelb) werden die Konturen und Schatten des Hüttendachs angedeutet, was eine erste Tiefenwirkung erzeugt. Mit derselben, jedoch stark verwässerten Mischung unterlege ich die Wand der Hütte, bevor ich einen Ockerton aus Gelb, ein bißchen Krapplack sowie Kobaltblau daraufsetze.
Die gleiche Farbe kommt bei der Gestaltung der Baumkronen und der Gräser zum Einsatz.

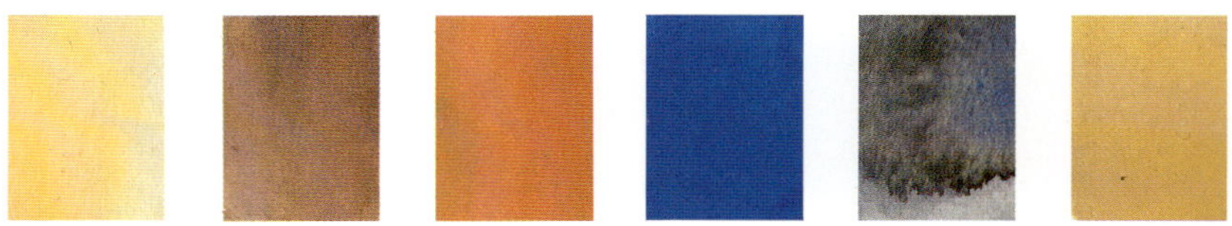

3. Stufe – das fertige Bild

Mit Zitronengelb wird die Vegetation in ein leuchtendes Licht versetzt.
Teilweise lege ich in unregelmäßigen Strichen und Tupfen Permanentgrün, gemischt aus Kobaltblau und Zitronengelb, darüber; dabei ergeben sich unterschiedliche Farbnuancen.
Für die Tiefen, Konturen und Schattenflecke mische ich ein dunkles Violett (Kobaltblau und Krapplack). Das Motiv läßt sich damit weiter ausbauen, indem man etwa eine Hüttentür andeutet. – Bei den Konturen lasse ich mich von Gauguins cloisonnistischen Bildern anregen, wo die einzelnen Farbflächen durch kräftige Umrandungen voneinander getrennt sind.
Um den tropischen Charakter der Landschaft zu verstärken, kann man zum Schluß noch eine Krapplacklasur auf die Baumstämme legen.
Die großflächig verteilten klaren Farben, die sich auch hier wieder durch Komplementärkontraste steigern, verhelfen dem Aquarell zu besonderer Dynamik und Ausdruckskraft.

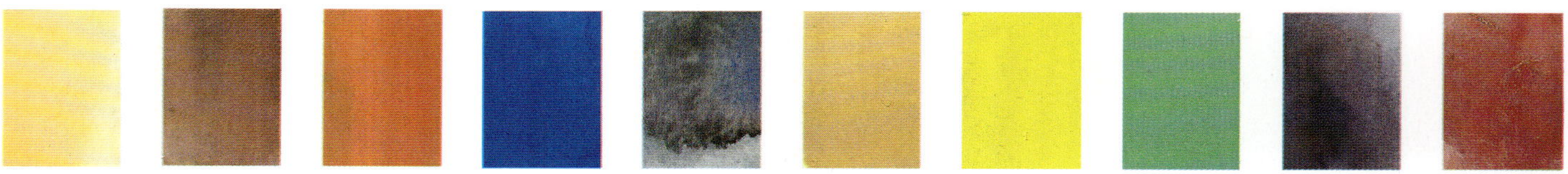

Figuren unter Bäumen Ausschnitt aus dem Original

Format: 300 × 237 mm
Farben: Zitronengelb, Kobaltblau dunkel, Krapplack dunkel

Bei diesem zweiten Ausschnitt aus Gauguins Aquarell „Landschaft“ möchte ich lediglich die Grundstrukturen des Motivs beibehalten: Die Farbkomposition wird sich ändern; klare, leuchtende Töne in Gelb, Rot, Blau, wie sie immer wieder in Gauguins Werk auftreten, sollen den tropischen Charakter hervorheben.
Da bei Gauguin neben der Natur auch die Personendarstellung eine wichtige Rolle spielt, ergänze ich die vorhandene Figur durch eine Frau, deren Habitus der insularen Umgebung angepaßt ist.

1. Stufe

Bevor die Zeichnung aufgetragen wird, grundiere ich das Papier mit einer stark verdünnten Mischung aus Zitronengelb, etwas Krapplack und Kobaltblau.

Schwungvoll lege ich mit einem Haarflachpinsel (Nr. 12) reines Zitronengelb auf weite Teile des Bildes. Das Gelb soll die intensive Farbigkeit der Südseeinseln wiedergeben, gerade auch dort, wo es später noch übermalt wird.
Zur Andeutung der Schattenpartien mische ich Krapplack mit ein wenig Kobaltblau und Zitronengelb. Im Unterschied zum flächig aufgetragenen Gelb sollte man hierbei eine deutliche Nuancierung anstreben, um so das Bild zu beleben.

2. Stufe

Bei den Grüntönen halte ich mich weitgehend an das Original Gauguins. Sobald die Farben der ersten Stufe getrocknet sind, kann man beginnen, Blätter und Gräser flächig in Blaugrün (Kobaltblau und Zitronengelb) aufzutragen. Die Grundierung sollte ab und zu durchscheinen, damit die für Gauguin typische Transparenz und lockere Wirkung erreicht wird. Durch die verschiedenen zugrundeliegenden Farben ergeben sich malerische Nuancen, die man noch vermehrt, indem man den Pinsel nach jeder Farbaufnahme ganz ausmalt.
Um die Schattenpartien aufzusetzen, erhöhe ich den Blauanteil der Mischung. Während der Arbeit drehe ich den Pinsel immer wieder; so wird die Struktur besonders lebendig. Geht man ein zweites Mal über die getrocknete Farbe, wird der Ton intensiver, die Tiefenwirkung zugleich stärker.
Abweichend vom Original, setze ich ein dunkles Karminrot (Krapplack und Zitronengelb) auf die Baumstämme, das vor allem in Verbindung mit Grün typisch für viele Bilder Gauguins ist. In zwei Schichten aufgetragen, wirkt es noch kräftiger. Die darunterliegenden Farben – Siena- und Grüntöne – werden jetzt zu Schatten.
Feine rote Striche deuten die Aststrukturen, Gräser und Personen an.

3. Stufe – das fertige Bild

Mit sehr dunklem Violett (Krapplack, Kobaltblau, eine Spur Zitronengelb) werden Tiefen gesetzt.
Genau wie dieses Violett, so wiederholt sich Kobaltblau als Farbenspiel in der Vegetation und den Personen. Diese werden dadurch in die Landschaft eingegliedert. Das Kobaltblau, mit dem ich auch die Stämme konturiere, läßt das Rot leuchten. Solche Konturen, die eine Fläche klar und ausdrucksstark begrenzen, findet man bei Gauguin sehr häufig. Sie waren beeinflußt von japanischen Holzschnitten, aber auch von mittelalterlichen Glasfenstern. Mit diesem Stil eröffnete Gauguin der modernen Malerei neue Wege.

Am Strand

Format: 300 × 254 mm
Farben: Zitronengelb, Kobaltblau dunkel, Krapplack dunkel

Nach der intensiven Beschäftigung mit Gauguins Aquarell „Landschaft" werden im folgenden neue Motive im Stil dieses Malers umgesetzt. Die gezeigten Beispiele sind als Übung gedacht, sie sollen darüber hinaus jedoch auch als Anregung dienen, die erworbenen Fertigkeiten eigenständig anzuwenden und auszubauen.
Als Vorlage kann dabei ein Foto dienen, man kann aber auch im Freien vor der Natur malen oder eine Zeichnung nach der Natur anfertigen, mit Farbangaben versehen und zu Hause als Aquarell umsetzen. Bei der Arbeit im Freien sollte man sich nicht durch die ständig wechselnden Lichtverhältnisse irritieren lassen, sondern möglichst an der geplanten Stimmung festhalten.

Als erstes Beispiel für die Gestaltung eines eigenen Motivs im Stil Gauguins habe ich die Ansicht einer tropischen Insel gewählt; das Thema, aber auch die klare Anordnung der Natur zeigen deutliche Parallelen zu dem Aquarell „Landschaft".

1. Stufe

Dieses Aquarell soll einen modernen Charakter erhalten und die Helligkeiten des Motivs gut zum Ausdruck bringen. Deshalb setze ich nur hier und da eine gelbliche Grundierung (Zitronengelb, Krapplack, Kobaltblau) auf die Vorzeichnung; die weißen Stellen werden später als Lichter erscheinen.

2. Stufe

Um den tropischen Charakter des Strandmotivs wiederzugeben, unterlege ich die sonnenbeschienene Vegetation mit Zitronengelb. Zwischendurch bleiben immer wieder weiße Lichtpunkte stehen.
Die Schatten deute ich mit einem Ockerton aus Krapplack, Zitronengelb und Kobaltblau an, so daß bereits jetzt Tiefe entsteht. – Wenn man die Augen leicht zusammenkneift, lassen sich die Licht- und Schattenpartien eines Motivs recht gut ausmachen.
Wo möglich, sollte man einen Haarflachpinsel verwenden; die Striche wirken dynamischer und malerischer.

Das Motiv kann beliebig erweitert werden – zum Beispiel durch Figuren oder eine Hütte …

3. Stufe

Das Wasser erhält eine wäßrige Lasur in Kobaltblau. Geht man mit stärker konzentrierter Farbe ein zweites Mal darüber und setzt einzelne Akzente, wirkt das Meer besonders lebendig.
Abweichend von den Schattierungen der Vorlage, verwende ich für den Himmel das gleiche Blau; denn eine harmonische Bildgestaltung im Sinne Gauguins sollte sich nicht an der Natur orientieren. Da der Himmel nicht grundiert ist, wirkt die Farbe hier klarer und kälter als das Blau des Wassers.

Blaue Tupfen und Striche sowie vereinzelte wäßrige Lasuren, die ich auf das Gelb und das Ocker der Bäume lege, wirken leicht grünlich. Am besten malt man dabei abwechselnd mit einem feinen und einem breiteren Pinsel, um einen dynamischen Effekt zu erzielen.
In Blau werden auch der Rand des Strandes, die Bootsstege und Baumkonturen angedeutet.
Mit Orangerot (Krapplack und Zitronengelb) setze ich Farbakzente, die das Bild beleben.

4. Stufe – das fertige Bild

Weitere Grünnuancen entstehen durch eine Mischung aus Kobaltblau, Zitronengelb und etwas Krapplack. Mit einer „Katzenzunge" werden zuerst die Palmblätter weiter ausgestaltet. Ein Drehen des Pinsels erzeugt unterschiedliche Strichstärken.

Mit flachem Pinsel lege ich eine lockere grüne Lasur auf das Gras. Ich arbeite mit mehr oder weniger konzentrierter Farbe, bei den hellen, sonnigen Stellen bleibt der Grund stehen. So ergibt sich ein malerischer Licht-Schatten-Effekt.

Will man dem Bild mehr Ruhe verleihen, kann man Teile der Baumkronen im selben Grün lasieren. Dadurch wirken sie geschlossener.

Zur detaillierten Ausgestaltung verwende ich Violett (Krapplack und Kobaltblau). Zunächst werden damit die im Schatten liegenden Seiten der Baumstämme sowie Teile des Wassers und des Strandes lasiert. Mit konzentriertem Violett, das kräftig und dunkel ist, arbeite ich die Konturen und Schattenbereiche der Vegetation heraus. Mit wäßrigem Pinsel aufgesetzte Schattenfleckchen verstärken den Aquarellcharakter.

Das Prinzip der sich gegenseitig intensivierenden Komplementärfarben fand auch hier wieder Anwendung: Grün steht neben Rot, Orange neben Blau, Violett neben Gelb.

Landschaft mit Häusern

Format: 300 × 253 mm
Farben: Zitronengelb, Kobaltblau dunkel, Krapplack dunkel

Das Motiv der Hütte, das in Gauguins Original die linke Bildhälfte beherrscht, möchte ich nun auf mitteleuropäische Verhältnisse übertragen. Die hier abgebildete Architektur und die Vegetation weisen Entsprechungen in den Rot- und Grüntönen auf, zugleich aber auch in den großangelegten Flächen mit ihren unterschiedlichen Strukturen.
Wenn man, wie Gauguin, keinen Wert auf den dokumentarischen Charakter eines Bildes legt, kann man die Gegebenheiten nach ästhetischen Gesichtspunkten abwandeln.
Bei diesem Beispiel werde ich die Vegetation und die Architektur leicht verändern.

1. Stufe

Mit einem stark verdünnten Ockerton aus Zitronengelb, Krapplack und Kobaltblau wird das Aquarellpapier grundiert. So erhält auch dieses Blatt ein ähnliches Aussehen wie die Papiere aus der Zeit Gauguins.
Nach dem Auftragen der Vorzeichnung unterlege ich große Teile der Architektur und Vegetation mit einem fleckigen, dynamischen Muster in Zitronengelb. Diese Tönung wird dem Bild zuletzt ein warmes, sonniges Leuchten verleihen.

2. Stufe

Mit lockeren Pinselstrichen lasiere ich die Häuser und den Himmel in einem Ockerton aus Zitronengelb, etwas Krapplack sowie Kobaltblau. In derselben Farbe werden Strukturen auf die Vegetation und den Weg aufgetragen.

Durch gebrannte Siena, gemischt aus Krapplack, Zitronengelb, Kobaltblau, entstehen Schatten. Auch die Konturen der Häuser, die Fenster und Türen werden damit unterlegt. Die Backsteinformation des rechten Hauses gestalte ich zu einem dekorativen Muster.

Mit konzentrierter gebrannter Siena akzentuiere ich schließlich Teile des Fachwerks.

3. Stufe

Mit einer Grünmischung aus Kobaltblau und Zitronengelb wird die Vegetation weiter ausgearbeitet. Die verschiedenfarbige Unterlage – Gelb, Ocker, Siena – und die stärkere oder schwächere Konzentration des Grüns lassen die Pflanzen in lebendigen Schattierungen erscheinen. Der Weg erhält ein Ornamentmuster, das für die vom japanischen Holzschnitt beeinflußte Malerei Gauguins typisch ist.
Teilweise wird das Grün auch auf Fenster und Türen gelegt, so daß dieser Ton genau wie die anderen eine Verbindung der Bildteile bewirkt und zu einem harmonischen Gesamteindruck beiträgt.
Mit Blaugrün (Mischung wie oben, doch mit erhöhtem Blauanteil) betone ich die Schatten neben den Türen, unter den Steinen sowie am Dach des linken Giebelhauses.
Mit einem breiten Katzenzungenpinsel wird nun der Himmel in reinem Kobaltblau ausgemalt. Die Farbe, die sich im Fachwerk und den Hauskonturen, aber auch in den Bäumen wiederholt, ruft Dynamik hervor.

4. Stufe – das fertige Bild

Die Ausarbeitung erfolgt auch hier wieder mit Violett (Krapplack und Kobaltblau); der dunkle Ton bringt Tiefe und Plastizität ins Bild.
Mit konzentrierter Farbe konturiere ich den Weg, die Steine, teilweise auch die Architektur. Ich deute den ins Bild ragenden Ast an und arbeite die Strukturen der Vegetation heraus. Den Pinsel sollte man nach der Farbaufnahme immer ganz ausmalen, so daß kunstvolle Nuancen entstehen.

Um im Vordergrund ein Gegengewicht zu schaffen, gestalte ich die Ornamentik weiter aus, zunächst mit Violett, dann mit einem zinnoberroten Ton aus Zitronengelb und Krapplack. Die dunklen Ecken rechts und links tragen wesentlich zur Tiefenwirkung bei.
Mit der Rotmischung werden weitere Farbakzente gesetzt, die im Komplementärkontrast zum Grün stehen und das Bild beleben.

Insel in Blüte

Format: 226 × 300 mm
Farben: Zitronengelb, Kobaltblau dunkel, Krapplack dunkel

Die üppige Vegetation und die Figuren nehmen das Motiv des rechten Ausschnittes aus Gauguins „Landschaft“ wieder auf.
Die Blütenpracht im Vordergrund fordert jedoch zu einer stärker differenzierenden, eher impressionistischen Umsetzung heraus. Um eine harmonische Gesamtwirkung des Bildes zu erreichen, soll auch das Grün der Bäume in diese farbliche und strukturelle Vielfalt miteinbezogen werden.

1. Stufe

Das Papier erhält wiederum eine leichte Grundierung in einem Ockerton (Zitronengelb, Krapplack, eine Spur Kobaltblau).
Nach dem Aufsetzen der Vorzeichnung wird die Vegetation mit längeren und kürzeren Pinselstrichen in Zitronengelb angedeutet.
Dynamische orangefarbene Striche (Krapplack und Zitronengelb) geben die Schattenpartien wieder.

2. Stufe

Mit gebrannter Siena, bestehend aus Krapplack, Zitronengelb und etwas Kobaltblau, werden Schatten auf dem Bild verteilt. Auch hierbei ist es wichtig, den Pinsel ganz auszumalen; so entstehen unterschiedliche Nuancierungen.

Den Himmel gebe ich, um die für Gauguin typischen Kontraste und klaren Farben zu erhalten, in reinem Kobaltblau wieder. Die mit einem dicken Haarflachpinsel aufgetragenen Striche wirken malerisch und lebendig.

Indem ich auch auf die Bäume Blau setze und so die Farbe und das Licht des Himmels wiederhole, verleihe ich dem Bild Leichtigkeit und Transparenz.

Der Weg erhält eine unregelmäßige wäßrige Lasur im selben Ton, die eine stärkere Verbindung der Bildteile bewirkt.

Dort, wo sich Blau und Gelb überlagern, entstehen erste Grüntöne.

3. Stufe – das fertige Bild

Mit Grün (Kobaltblau und Zitronengelb) werden die Baumkronen weiter ausgestaltet. Ich male mit einem Haarflachpinsel, den ich immer wieder drehe, um die Strichstärke zu variieren. In gleicher Weise werden die Blumenbeete durch Tupfen und Linien ornamentartig angelegt.
Rote Farbakzente (Krapplack und ein bißchen Zitronengelb) auf den Blumen und vereinzelt auch auf den Bäumen beleben das Motiv.
Zur Ausarbeitung verwende ich eine violette Mischung aus Krapplack und Kobaltblau. Die mit konzentrierter Farbe aufgetragenen Konturen und Schatten vermitteln dem Aquarell Halt und Tiefe.
Mit verdünnten blaugrünen Lasuren (Kobaltblau, wenig Zitronengelb) auf dem Weg und im Vordergrund sowie einigen Blattstrukturen am linken Rand schließe ich das Bild ab.
Auch dieses Aquarell liefert wieder ein Beispiel für die Leuchtkraft, die der Einsatz von Komplementärfarben bewirkt.

Orientalisches Straßencafé

Format: 300 × 245 mm
Farben: Zitronengelb, Kobaltblau dunkel, Krapplack dunkel

Ein aktuelles Straßenbild mit Menschen und Autos, südländischer Architektur und tropischer Vegetation: das Motiv bietet interessante Möglichkeiten der Umsetzung im Stil Gauguins.

1. Stufe

Aus Krapplack, Zitronengelb und Kobaltblau mische ich ein helles Gelb, das ich stark verdünnt als Grundierung verwende.
Sobald die Farbe getrocknet ist, kann die Vorzeichnung aufgetragen werden.
Reines Zitronengelb, fleckenartig auf die Skizze gelegt, schafft erste Lichteffekte.

2. Stufe

Für die Wiedergabe des Himmels wähle ich auch diesmal Kobaltblau. Mit breitem Pinsel trage ich die Farbe großzügig auf.
Die Häuserfronten, Autos, zum Teil auch die Palmen erhalten eine Lasur aus stark verdünntem Blau.
Die Personen deute ich mit einem feinen Pinsel an.

Die hellen Gelb- und Brauntöne des Aquarells werden um eine Variante erweitert: Mit einer ockerfarbenen Mischung aus Zitronengelb, Spuren von Krapplack und Kobaltblau lege ich Schattenmuster auf den Palmen, Häusern und Figuren an, was den Eindruck von Sonne und Wärme noch verstärkt.

3. Stufe – das fertige Bild

Die Baumstämme, Teile der Kronen und der Häuserfassaden werden mit gebrannter Siena, gemischt aus Krapplack, Zitronengelb und ein wenig Kobaltblau, akzentuiert.
In derselben Farbe arbeite ich die Figur vorne in der Mitte aus. Am besten eignen sich hierbei feine Aquarellpinsel (Nr. 2 und Nr. 4). Für das Gesicht sollte man einen fast trockenen Pinsel nehmen.
Die anderen Personen werden lediglich angedeutet: Hier möchte ich ein für Gauguin typisches Ornamentmuster anlegen. Unter dem Einfluß der japanischen Kunst gestaltete er seine Motive häufig mit dekorativ geschlängelten Linien und wellig begrenzten Flächen aus. Formen und Farben gewannen eine eigene Dynamik; sie waren dem dargestellten Inhalt nicht mehr untergeordnet. Als Jugendstilelemente fanden solche Ornamente wenig später weite Verbreitung.
Mit Blaugrün (Kobaltblau und Zitronengelb) und schließlich mit Violett (Krapplack und Kobaltblau) arbeite ich die dekorativen Formen im Vordergrund weiter aus.
Die Farben wiederholen sich in den Bäumen. Das Violett vertieft zudem die Schatten und Konturen der Häuser und der Autos, wodurch das Aquarell an Plastizität gewinnt.

Paul Gauguin: Kühe und bretonische Bäuerin

um 1890
Format: 320 × 265 mm
Privatbesitz

1882 gab Gauguin seinen bürgerlichen Beruf auf und widmete sich fortan mit ganzem Einsatz der Malerei. Es gelang ihm innerhalb weniger Jahre, sich von der traditionellen Kunst zu lösen und seinen eigenen Stil zu entwickeln.
Mehrere Aufenthalte in der Bretagne, wo Gauguin im Kreis avantgardistischer Künstler arbeitete, wurden damals wegweisend für seine künstlerische Entfaltung. Die bretonische Landschaft, die bäuerliche Bevölkerung und die Volkskunst stellten für ihn eine Quelle der Inspiration dar. Die Bilder, die er zwischen 1886 und 1890 malte, legen Zeugnis ab von seiner künstlerischen Eigenständigkeit.
Ein typisches Beispiel für den Stil dieser Zeit ist Gauguins Aquarell „Kühe und bretonische Bäuerin“: Mit wenigen Strichen streicht Gauguin die Charakteristika der Motivteile heraus. Die perspektivische Darstellung tritt zurück. Die Formen sind reduziert. Stark kontrastierende Farbflächen, die von fließenden Linien klar konturiert sind, beherrschen das Bild. Die flächige sowie dekorative Gestaltung läßt den Einfluß des japanischen Holzschnittes deutlich werden.
Diese Stilelemente prägen Gauguins gesamte damalige Malerei. Ein Merkmal, das zudem einen Großteil seiner Aquarelle, aber auch Ölbilder kennzeichnet, betrifft die Ausgestaltung der Flächen: Hier finden sich neben ornamentalen Mustern immer wieder auch feine parallele Striche, die in ihrer Wirkung an die damals sehr beliebte Pastellmalerei erinnern.

Zum Abschluß dieses Bandes möchte ich zwei Motive umsetzen, die sich thematisch eng an Gauguins bretonische Bilder anlehnen. Vorbild in Stil und Technik soll das hier gezeigte Aquarell „Kühe und bretonische Bäuerin“ sein.

Gehöft mit Kühen

Format: 300 × 251 mm
Farben: Zitronengelb, Kobaltblau dunkel, Krapplack dunkel

Das Motiv rechts ist von seiner Thematik, von seiner strukturellen Anordnung und Atmosphäre her in einer engen Beziehung zu Gauguins Aquarell „Kühe und bretonische Bäuerin“ zu sehen.
In Anlehnung an dieses Bild möchte ich bei der Umsetzung des hier gezeigten Gehöfts eine Ornamentik herausarbeiten, die an die japanischen Holzschnitte – und an spätere Jugendstilelemente – erinnert. Vor allem die Vegetation, aber auch die Hausfront bieten sich dazu an.
Desgleichen soll der Pastellcharakter, den Gauguin in mehreren Aquarellen durch feine parallele Striche erzeugt hat, übernommen werden.

1. Stufe

Mit einem stark verdünnten, hellen Ockerton (Zitronengelb, Krapplack, Kobaltblau) wird eine Grundierung aufgetragen, deren Unregelmäßigkeit die Dynamik der Komposition unterstreichen soll.
Sobald das Papier wieder trocken ist, kann man die Bleistiftzeichnung anfertigen.
Mit großzügigen Strichen wird nun der Vordergrund in Zitronengelb angelegt.
Gebrannte Siena, gemischt aus Krapplack, Zitronengelb und ein wenig Kobaltblau, bringt Strukturen und Tiefen ins Bild. Ich setze feine Striche parallel nebeneinander. Dabei male ich den Pinsel vor jeder neuen Farbaufnahme ganz aus und gehe wiederholt über die erste Schicht, so daß sich lebendige Nuancen ergeben.

2. Stufe

In dieser Stufe wird das Aquarell mit Grüntönen in zwei verschiedenen Zusammensetzungen weiter ausgearbeitet.
In feinen, senkrechten Strichen trage ich zunächst ein Gelbgrün (Kobaltblau und Zitronengelb) auf die Bäume, Büsche und das Gras auf. Wiederum male ich den Pinsel immer ganz aus, teils setze ich mehrere Farbschichten übereinander, teils lasse ich den Untergrund durchschauen.
Erhöht man den Blauanteil der Mischung, ergibt sich ein Blaugrün; mit ihm konturiere ich die Baumkronen. Wichtig dabei ist eine dekorative Formgebung. – An den Konturen entlang werden nun mit zarten Strichen dunkle Schatten auf die Wipfel gemalt.

Mit Kobaltblau werden weitere Konturen und Formen angelegt, wobei die dekorative Wirkung wiederum Vorrang vor der Natur- und Detailtreue hat. So gestalte ich zum Beispiel, abweichend von der Vorlage, die Architektur mit einem geometrischen Fachwerk aus, was ein neues Muster ins Bild bringt. Schon jetzt prägt die vom japanischen Holzschnitt beeinflußte Linienführung die Komposition.
Die Bäume, Büsche und das Dach werden mit feinen parallelen Strichen ausgearbeitet, die sich hier und da überlagern, immer wieder aber auch den Untergrund frei lassen und so einen Eindruck von Licht und Schatten erzeugen.
Die typische Strichstruktur wiederholt sich im wäßrigen Kobaltblau des Himmels.
Das Blau dieser Stufe bringt die Gelb- und Orangetöne des Aquarells zum Leuchten.

4. Stufe – das fertige Bild

Mit Taubenblau, einer Mischung aus Kobaltblau, ein wenig Krapplack und Zitronengelb, gestalte ich Details aus: Die schwarzweißen Kühe werden mit einem feinen Pinsel ausgemalt; die Schatten auf den Bäumen und dem Dach werden vertieft.

Zum Schluß verstärke ich das Braun der Baumkronen und Stämme mit einem Gebrannte-Siena-Ton (Krapplack, Zitronengelb, ein bißchen Kobaltblau).
Diese Farbakzente beleben das Bild zusätzlich.

Gartenansicht

Format: 300 × 245 mm
Farben: Zitronengelb, Kobaltblau dunkel, Krapplack dunkel

Auch dieses ländliche Motiv ist gut für eine Umsetzung im Stil Gauguins geeignet. Noch einmal wird das Aquarell „Kühe und bretonische Bäuerin" Vorbild für die Gestaltung sein: Mit wenigen Strichen soll ein Sommertag in vollem Licht entstehen, wobei die Formen vereinfacht wiedergegeben, die Flächen mit parallelen Strichen oder ornamentalen Mustern strukturiert werden. Auch in der Farbgebung orientiere ich mich an Gauguins Original.

1. Stufe

Vor dem Auftrag der Bleistiftskizze wird das Papier mit einer stark verdünnten hellbraunen Mischung aus Krapplack, Zitronengelb und Kobaltblau grundiert.
Das Zitronengelb, mit dem ich weite Teile des Bildes großzügig unterlege, soll später für eine warme, sonnige Gesamtwirkung sorgen.

2. Stufe

Strichförmig trage ich einen hellen Braunton (Krapplack, Kobaltblau und Zitronengelb) auf die Dächer und die Wand des rechten Gebäudes auf, deute Fenster und Tür des linken Hauses an und lege zarte Schatten auf die Vegetation, die Stange, den Zaun.

Mit gebrannter Siena, gemischt aus Krapplack, Zitronengelb und Kobaltblau, werden die Schatten auf den Dächern intensiviert. Der Brunnen erhält Konturen.

Abweichend von der Vorlage, beginne ich, den unteren Bildrand mit Ornamenten aus fließenden Linien zu verzieren und so eine Straße anzudeuten.

3. Stufe

Auch bei diesem Bild wird der Himmel mit zarten Strichen in verdünntem Kobaltblau strukturiert. Dabei verwendet man am besten einen breiten Katzenzungenpinsel und arbeitet zügig. Um zu vermeiden, daß die Striche zu streng wirken, kann man sie hier und da etwas verwässern. Außerdem sollte der Pinsel immer ganz ausgemalt werden.
Ebenso werden die Latten des Zaunes und Teile der Gebäude leicht lasiert.
Mit konzentriertem Blau werde ich das Motiv später weiter ausarbeiten.
Zunächst jedoch kommt Grün an die Reihe: Mit einer Mischung aus Kobaltblau und Zitronengelb wird die Vegetation ausgestaltet. Auch zwischen die Zaunlatten lege ich vereinzelt etwas Grün.
Nun kann man mit konzentriertem Kobaltblau Konturen und Schattenpartien auftragen. Die Schatten auf den Baumkronen werden zart gestrichelt wiedergegeben.
Auch das Muster im Vordergrund arbeite ich aus.
Die kräftige blaue Farbe dieser Stufe trägt deutlich zur Tiefenwirkung des Bildes bei.

4. Stufe – das fertige Bild

Die letzte Ausarbeitung erfolgt auch diesmal wieder mit Violett (Kobaltblau und etwas Krapplack).
Die Schatten auf den Gebäuden, der Vegetation und dem Zaun werden intensiviert. Erst jetzt entsteht wirkliche Tiefe.

Die „Gartenansicht" wie auch die anderen Aquarelle dieses Bandes haben gezeigt, wie sich Motive im Stil Paul Gauguins umsetzen lassen. Vor allem aber möchte ich Sie damit auffordern, Ihre Fertigkeiten kreativ und individuell weiterzuentwickeln.

Bibliographische Information Der Deutschen Bibliothek
Die Deutsche Bibliothek verzeichnet diese Publikation in der Deutschen Nationalbibliographie; detaillierte bibliographische Daten sind im Internet über http://dnb.ddb.de abrufbar.

Sonderausgabe mit freundlicher Genehmigung des
Christophorus Verlages, Freiburg im Breisgau.

Abb. Seite 7: Paul Gauguin, »Selbstbildnis« (1896), Privatbesitz
Abb. Seite 9: Paul Gauguin, »Landschaft« (Tahiti, 1893/1894), Aquarell, ca. 220 x 300 mm, aus: Paul Gauguin, »Noa-Noa«, Musée du Louvre, Paris, © Réunion des Musées Nationaux, Paris 1991
Abb. Seite 62: Paul Gauguin, »Kühe und bretonische Bäuerin« (um 1890), Aquarell, ca. 220 x 300 mm, Privatbesitz

Foto Seite 34: Karin Huber
Fotos Seite 50, 64: Alexandra Kexel
Foto Seite 56: Gabriele Grimm
Fotos Seite 42, 72: Hans-Joachim Schwarz
Redaktion: Birgit Oesterle
Umschlaggestaltung: Günter Hennersdorf
Layout: Michael Wiesinger
Reproduktionen: Scan-Studio Hofmann, Freiburg i. Br.
Satz: Franz X. Stückle, Ettenheim
Druck: sachsendruck, Plauen

ISBN-13: 978-3-87405-264-1
ISBN-10: 3-87405-264-8